Kampen om skärmtiden

vad varje förälder behöver veta om unga och nätet

© 2019 Henrik Pallin

Kampen om skärmtiden

Förlag: BoD – Books on Demand, Stockholm, Sverige

Tryck: BoD – Books on Demand, Norderstedt, Tyskland

ISBN: 978-91-7569-727-7

Innehåll

Hur läser du en bok som den här?

Den här boken speglar främst min syn på ungas användning av mobiler, surfplattor och datorer. Du kan välja att läsa boken från pärm till pärm (det tar inte så jättelång tid) eller så bläddrar du och läser de delar som du tycker låter intressanta.

Mina tips gör inte anspråk på att vara heltäckande eller gälla i alla familjer. Min familj är min familj, din familj ser förmodligen ut på ett helt annat sätt. Däremot har jag tillbringat de senaste åren med att arbeta med de här frågorna. Jag har mött oerhört många barn och unga, pratat med föräldrar och lyssnat på deras lösningar, problem och våndor. I grunden har jag ju också min utbildning och erfarenhet som kurator för låg- och mellanstadiet. De tips jag kommer med är alltså inte tagna ur luften utan baserar sig på aktuell forskning.

Den här boken skriver jag för att inspirera till mer kunskap kring barnens vardag på nätet och ta bort många av de myter som finns kring ungas nätvanor. Har jag missat något eller har du själv ett tips du tycker är lysande? Hör gärna av dig med dina synpunkter!

Henrik

Det som finns när vi föds

Det som finns när vi föds, det tar vi för givet. Så har det varit för alla generationer innan oss och kommer gälla i framtiden också. Internet och sociala medier har på många sätt inneburit ett paradigmskifte i hur vi tar till oss kunskap, hur vi håller kontakten med varandra och hur vi konsumerar media. Vi som är uppvuxna under det förra seklet har fått följt utvecklingen lite steg för steg. Men barn och unga födda på 2000-talet har ju faktiskt bara erfarnhet av ett liv där mobiltelefoner och internet finns, det kan vara lätt att glömma bort!

När microvågsugnarna slog igenom i hushållen under åttiotalet sågs det av många som lösningen på alla livets problem. Boken »Laga mat i mikrovågsugn« såldes i enorma upplagor och man lärde sig att laga allt från fisksoppa och kycklinggryta till att koka ägg och laga varma mackor. Tidningar skrev alarmerande rubriker om att vitaminer försvann under tillagningen och folk blev oroliga för strålningen. Så här snart 30 år senare så är micron en naturlig del av hemmet. Men användningen? Det är mest att tina frysta matvaror och poppa popcorn...

Under 1997 presenterade dåvarande statsminister Göran Persson en reform som skulle göra att Sverige hamnade i framkant med datoranvänd-ningen i Sverige. Den så kallade Hem-pc-reformen innebar att man fick hyra en dator från sin arbetsgivare genom avdrag på lönen före skatt. Mellan 1998 och 2001 hade 850 000 svenska hushåll skaffat en dator ge-nom jobbet. Det här gjorde det fanns stort underlag när Internetpaketen började presenteras slutet av nittiotalet.

Ta en titt på den här listan med saker som varit årets julklapp sen det infördes. Årets julklapp är ingen vetenskaplig lista, det är inget mått på hur många som faktiskt köpte saken i fråga. Men det ger ändå en finger-visning kring vilka saker som varit på modet genom åren. Det man slås av när man läser listan är att det är EN pryl som har ersatt mer än hälften av sakerna på listan: Mobiltelefonen.

Årets julklapp!

1988	Bakmaskin	2003	Mössan
1989	Videokameran	2004	Den platta tv:n
1990	Woken	2005	Ett pokerset
1991	CD-spelaren	2006	Ljudboken
1992	TV-spelet	2007	GPS-mottagaren
1993	Parfym	2008	En upplevelse
1994	Mobiltelefonen	2009	Spikmattan
1995	CD-skivan	2010	Surfplattan
1996	Internetpaketet	2011	Den färdigpackade matkassen
1997	Elektroniska husdjuret	2012	Hörlurarna
1998	Dataspelet	2013	Råsaftcentrifugen
1999	Boken	2014	Aktivitetsarmbandet
2000	DVD-spelaren	2015	Robotdammsugaren
2001	Verktyget	2016	VR-glasögonen
2002	Kokboken	2017	Elcykeln
		2018	Det återvunna plagget

Det händer att jag blir uppringd av tidningar när det kommer en ny app på marknaden som det blir mycket snack om. Frågan är nästan alltid den samma: »Är den här appen farlig för barn?« Svaret blir också nästan alltid detsamma: Nej. Då ringer de till någon annan människa som hellre vill uttala sig dramatiskt och skrämmande.

Kvällsidningar lever ju på dramatiken där allting kan vara en dold sjukdom. Därför säljer det mer och bättre att skrämmas och säga att något kan vara farligt. Men appar är lite som allt annat här i livet. Det handlar i princip uteslutande om hur vi använder dem. Antingen skapar vi byggnadsställningar och är kreativa och utvecklas, eller så använder man samma järnstång till att slåss med. Det är inte alltså inte järnröret som ska förbjudas och begränsas.

Man ska inte heller förringa eller förminska de personer som faktiskt far illa och drabbas av andra på nätet. Det är inte alls min ambition med den här boken. Däremot behöver vi ha en balans i argumentationen.

Det ser så illa ut när barnen äter frukost och föräldrarna sitter och stirrar ner i mobilen.

Ofta när jag föreläser är det någon orolig förälder som räcker upp handen och kommer med samma påstående:»Det ser så illa ut när barnen äter frukost och föräldrarna sitter och stirrar ner i mobilen« Då brukar jag alltid svara:»Så gör jag och det har jag lärt mig av min pappa!« Frågeställaren brukar alltid titta på mig med en fundersam min innan jag förklarar och berättar om min uppväxt.

Jag växte upp under 80-talet i Karlstad och på lördagsmorgnarna ville alltid pappa läsa Nya Wermlands Tidningen. NWT var på den tiden i ett gigantiskt format som tog upp hela köksbordet så min tallrik med filmjölk fick knappt plats. Sen förväntade han sig att vi skulle vara tysta under tiden som han drack sitt kaffe och läste första delen av tidningen (lagom till del två började han vakna och bli kommunicerbar). Då tyckte jag det var konstigt, nu drygt 30 år senare gör jag likadant. Jag börjar alltid mina morgnar med kaffe och nyheter. Jag har en mycket fräsigare kaffemaskin än pappa hade och jag läser mina nyheter i telefonen men annars är det mesta sig likt. Även jag ogillar att bli störd i min morgonrutin.

Vanan att konsumera nyheter till frukost har jag alltså fått under min uppväxt. Många jag möter beskriver historien ur ett perspektiv som förmodligen aldrig funnits. Något i stil med att innan mobilerna gjorde sitt intåg så satt man på golvet och lekte med barnen på morgonen innan det var dags att jobba. Det finns säkert sådana familjer, men mitt föräldrahem var då rakt inte ett sådant.

Den tid vi tillbringar med våra barn idag är fantastisk. Vi har ett barnfokus i allting vi gör. Semestrar, kvällar och helger. Den mesta av vår tid utgår från ett barnperspektiv. Att barnen ska ha det så bra som möjligt. Då tycker jag det är onödigt att skapa ytterligare dåligt samvete.

Skärmhjälpen som skräms?

Att fler och fler företag hakar på trenden och uppmuntrar oss att lägga undan mobilen kan väl ingen ha missat. Tidigare i år har vi sett Stadiums kampanj för att sitta mindre vid skärmar och röra oss mer. Clas Ohlson har i sina reklamfilmer lobbat för ett familjeliv med mindre skärmar och i skojiga filmer ställt frågan om man klarar sig en vecka utan mobilen hemma. Som sakkunnig i kampanjen har man använt sig av en expert. Just den här experten sällar sig till det växande antal personer som ser som sin uppgift att skapa osäkerhet och rädsla kring modern teknik. Nyligen var det Länsförsäkringars tur när de sjösatte sin ambitiösa sajt Skärmhjälpen som sa sig kunna analysera de risker som finns med människors skärmbeteende.

Skärmhjälpen är en omfattande satsning skapad av byrån Stendahls där man även tagit fram en särskild lampa som byter färg när familjens samlade skärmtid uppgår till två timmar. Alltså.

Jag förstår verkligen inte hur den ens kunde passera idéstadiet. Kopplat till självskattningstestet, som är omöjligt att genomföra utan att identifieras som i riskzon, finns det ett antal lektioner som ska lära oss att använda skärmarna på rätt sätt. Bland råden hittar vi påståenden som att »Forskningen visar att det är direkt skadligt för den psykiska hälsan att ägna sig åt slötittande på till exempel YouTube, Twitch eller Netflix mer än två timmar per dag.« Att det inte finns någon forskning som visar det är inget man lägger någon större vikt vid.

Det är tydligt att dessa varumärken hänger på en trend och samtal som pågår i samhället där många upplever att de använder sina mobiler för mycket. Eller framförallt upplever att barnen använder sina mobiler för mycket.

Trenden lägger fokus på att vi bör göra mer saker utan skärm. I senaste versionen av Apples operativsystem finns funktionen skärmtid där man kan ställa in hur mycket tid man vill lägga på sina olika appar. När tiden är slut så meddelar telefonen snällt att tiden är slut. Men istället för att lägga fokus på vad man använder mobilen till så lägger man fokus på själva skärmanvändningen.

Skuldbeläggandet av föräldrar får en central roll i tonen för den här sortens kampanjer och det är ju alltid en tacksam måltavla. I min föräldraroll har jag nämligen ständigt dåligt samvete för mina barn; allt man borde göra och allt man gör som man inte borde, en strävan att låta barnen vara självständiga utan att själv vara frånvarande, att vara närvarande utan att vara inkräktande.

Hur gjorde vi innan skärmarna dök upp? Umgicks tonåringar mer med sina föräldrar och spelade Den försvunna diamanten på kvällarna? Själv ockuperade jag familjens enda telefon i timtal och fick skäll för att telefonräkningen sköt i höjden.

Min känsla är att vi ofta mäter vår tillvaro mot en idealbild av historien som kanske aldrig existerat.

Den som påpekar att det finns flera sidor av samma mynt framstår som den mogna och eftertänksamma och det är ju en åtråvärd egenskap för ett varumärke. Tyvärr landar de här kampanjerna snarare i en illa underbyggd moralism och pekpinne-retorik.

Uppmuntra gärna lek, rörelse och aktiviteter. Men det finns ingen anledning att ställa det i motsats till någonting annat.

Hur kan vi föräldrar få en inblick i vad som sker på nätet?

Måste man inte ha lösen för det?

Lösenordet är tillit

Ibland får jag frågor inför mina föräldraföreläsningar. Den här gången var det en förälder som lämnat den till mig innan en föreläsning för att jag skulle besvara den från scenen. På lappen läste jag:»Hur kan vi föräldrar få en inblick i vad som sker på nätet? Måste man inte ha lösen för det?«

Jag funderade en stund för att förstå frågan men svaret kom helt naturligt: Lösenordet är givetvis tillit. Tillit handlar om relationen mellan barn och vuxen.

Det här är ju spännande på så många sätt för många tror att det som sker i barnens telefoner eller plattor är något helt annat än det umgänge som vi är vana vid sedan tidigare. Men det är precis samma sak som det vi är vana vid – som umgänge i övriga livet.

När barnen har kompisar hemma och de bygger med Lego då sitter vi ju inte där som ett filter och övervakar. Jag skulle ju aldrig drömma om att sätta mig mitt i Legohögen i barnens lek och säga:»Nu sitter jag här och kollar att det inte händer något dumt. »

Nä, det blir ju helt bananas. Däremot så lär jag ju barnen att om det händer någonting, om det kör ihop sig, då får de hämta mig så hjälper jag till att reda ut det. Men där är det många som går vilse och tror att bara för det handlar om teknik då är det svårt att reda ut.

Men det är ju likadant som om jag som förälder, när det kör ihop sig i legot, skulle säga:»Nä, det här med byggklossar kan jag ingenting om, ni får gå till någon annan om ni har legorelaterade bekymmer!«

Så det handlar ju alltså om att bygga en förtroendefull relation med barnen. Att bygga en dialog och ett förtroende att de kommer till oss som föräldrar när det kör ihop sig. Oavsett om det kör ihop sig med cykeln, om någon är elak i skolan eller om någon skriver något på näte som gör mig ledsen.

TILLIT. Det är det som gäller. Glöm aldrig det.

Filter och övervakning

Det är många aktörer som försöker sälja trygghetsprodukter kopplade till föräldraskap. Listan kan göras lång med andningslarm till spjälsängar, kosttillskott och andra produkter man egentligen kanske inte behöver. Nätet är inget undantag och ingen kan ju ha missat diskussionen kring webbfilter för att skydda barnen från oönskat innehåll.

Det finns dock inga tekniska lösningar som faktiskt fungerar utan de ger snarare en falsk trygghet där man som förälder tror att man inte behöver vara närvarande eller samtala med sina barn om vad som händer på nätet. Oavsett om det handlar om porr, kränkningar eller spelande så finns det inte några fungerande filter. Det är faktiskt lika effektivt som sätta en postIT-lapp över skärmen. Den döljer ju en massa otäcka saker, men är oerhört enkel att plocka bort eller vika undan.

Det man som förälder kan göra är att ställa in »safe search« på Google och Youtube. Då plockar den bort många av de osäkra resultaten i sökningarna. Men helt säkert är det aldrig.

Som förälder kan man inte överlåta sitt tillsynsansvar på tekniska lösningar så det gäller att vara delaktig och ta sitt ansvar!

Vem är jag att värdera?

Hur värderar vi vuxna egentligen barns relationer online? Är de ens annorlunda än relationerna de skapar offline? Egentligen kan man undra varför tar vi oss rätten att värdera överhuvudtaget.

Som förälder kan är det så oerhört svårt att veta vilka saker i barnens liv som de betraktar som viktigast. Men bara för att det är svårt betyder det inte att vi ska låta bli. När saker är svårare ställer det bara högre krav på oss som föräldrar.

När barnen har en eller två bästisar som den hänger ihop med vareviga dag är det lättare. Man ser dem sticka in på rummet och hör dem skratta bakom väggen. Men när barnet drar på sig sitt headset och slår på datorn har vi inte längre lika lätt att förstå det som händer. Kravet ökar då på föräldraskapet i att vara närvarande.

På samma sätt som vi tittar på fotbollsträningar och matcher måste vi lära oss att betrakta gaming och datorer. Vilka personer gillar ditt barn att spela samtidigt med, har ditt barn någon favoritmotståndare eller vilka ser ditt barn mest fram mot att träffa?

När ditt barns kompis inte står i hallen, utan sitter framför en skärm på sitt eget rum, är det här frågor du måste prata om med ditt barn.

När barnen spelar fotboll är det lätt som förälder att vara delaktig. Man ser vilken position spelarna har på planen och man kan jubla ihop över framgångarna. Man är också där och kan ta emot sorg och ilska. Vara förälder helt enkelt.

Oavsett hur vi väljer att tackla utmaningen måste vi som föräldrar lära oss att glädjas och gråta lika mycket tillsammans som när barnen har andra fritidsintressen.

Konflikter och samspel

En dag när jag kom hem från jobbet kändes det att någon var osams redan när jag klev innanför dörren. När jag tog av mig skorna hörde jag Sanna skrika från vardagsrummet »Henkis, kom hit! Olof bråkar!« Jag rusade in i vardagsrummet för att slita isär barnen, för även om Olof är yngst så är han ändå längst.

När jag kommer in i vardagsrummet så sitter Sanna där ensam i soffan med sin ipad och är asförbannad. Hon spelar Minecraft. Minecraft kan enklast jämföras med Lego och man bygger och konstruerar fritt utifrån några enkla förutsättningar. Det som hänt är att Olof har hackat sig in i hennes Minecraftvärld och han har satt upp 28 stycken skyltar som det står BAJS på.

28 stycken. Sanna är givetvis rasande och jag tänker att sånt här kan vi inte acceptera i vår familj. Jag tar genast fram min ipad och börjar leta rätt på Olof där inne i Minecraftservern.

Nä, det gjorde jag faktiskt inte. För bara för att ett problem UPPSTÅR online så behöver vi faktiskt inte LÖSA det online.

Jag tar med honom till köket där följande dialog utspelar sig:

– Olof, när du gör så här blir Sanna ledsen.

– Ja! Precis!

Jag blir rätt trött på honom. Men samtidigt inser jag något avgörande. Att för Olof var målsättningen inte att nätmobbas. Målsättningen var att retas med sin storasyster och han valde det sätt som han trodde skulle fungera bäst. Och om det skulle fungerat bättre med gula PostIt-lappar hade han valt det istället. Som förälder struntar jag faktiskt i vilket också. Han ska uppföra sig oavsett vilken arena eller plattform han befinner sig på. Olof är ansvarig för sina handlingar och det han säger oavsett om han pratar med sina kompisar i skolans matsal eller på Snapchat. Oavsett om de möts på fotbollsplanen eller i Fortnite så förväntar jag mig att han ska vara respektfull mot sin omvärld. Därför måste jag som förälder ta ansvar för att lära mitt barn det här, även online.

Det är också så att även barn har skadeståndsansvar för de skador de orsakar, oavsett om det är på nätet eller i världen utanför. Från det att barnen går på mellanstadiet brukar man säga att barnen tydligt vet skillnad på rätt och fel. De vet när de skriver något snällt på någons Instagram och de vet när de skriver något elakt. Därför är det förälderns ansvar lära barnet att samma regler gäller på nätet som utanför. Att vara elak på nätet kan få konsekvenser på samma sätt som utanför.

Att bli lurad

När någon blivit lurad och man ser tillbaka på händelseförloppet är en vanlig känsla: hur kunde man vara så lättlurad?

I efterhand är det enkelt att se tillbaka på alla varningssignaler och tecken på att allt inte stod rätt till. Men orsaken till att det är så enkelt att se är ju att man faktiskt har facit. Efteråt går det att titta med kritiska ögon med perspektivet »tecken på att man håller på att bli lurad«. Det perspektivet har man sällan i vardagen. Och ärligt talat skulle det bli ett ganska jobbigt liv om man i alla situationer skulle leta efter tecken på att man blir blåst. Däremot kan man vara försiktig och medveten om att riskerna finns. Jag brukar säga att hjärnan är dum i huvudet. En lustig förenkling som handlar om att hjärnan utgår från invanda mönster. Dessa förenklar vårt liv avsevärt och skulle vara svåra att leva utan. Som individ kan man inte kolla körkort på busschaff*rer, personalen på Coop och de vi möter i vården. Vi måste helt enkelt utgå från att saker är vad de ser ut att vara.

Vi vet genom erfarehet och forskning att barn som tillbringar mycket tid online också blir bättre på att identifiera risker och faror på nätet. Det är egentligen helt rimligt eftersom ju mer tid vi tillbringar i en viss miljö desto bättre blir vi också på att hantera den. Ofta handlar risken för unga om att bli lurad av någon. Det kan handla om ekonomiska bedrägerier där man luras att köpa saker, exempelvis på Blocket. Andra bedrägerier handlar om att bedragaren vill ha inloggningsuppgifter eller bank-ID.

Lär barnen att hantera inloggningar och personliga uppgifter varsamt. Visst, det är enkelt att ha samma lösenord till alla tjänster men det innebär också att det är enkelt för en bedragare att komma åt många olika tjänster.

Det bästa är givetvis att ha olika lösenord på alla plattformar men i vardagen blir det snabbt en svår uppgift. Inloggningen till icloud och mail är navet i din identitet, så extra viktigt att inte använda samma lösenord där som på andra ställen. När man glömt lösenordet till någon app eller tjänst nollställer man det genom mailen. Alltså är lösenordet till mailen värt att skydda extra.

Att prata med barnen om:

Lösenordet för att ladda hem appar är det samma som att komma åt hela din telefon.

Berätta aldrig ditt lösenord eller koder för någon, även om de ringer från banken.

Berätta för en förälder om du tror att någon listat ut ditt lösenord

Om du får mail om att ditt konto låsts prata med en vuxen!

Om någon kommer över lösenordet till ens Spotify- eller Netflixkonto är det ju inte hela världen kan man tycka. (Även om det går att sabotera bland spellistor och historik!)

Förr sa man ofta att man aldrig ska skriva upp lösenord på lappar men det tycker jag man kan göra. Man behöver inte sätta upp lappen på väggen utan man kan skriva upp det i en anteckningsbok som man förvarar i bokhyllan, där den inte väcker någon uppmärksamhet. Ett knep är att inte skriva upp till VAD inloggningen gäller. Ofta minns man det ändå. Ett betydligt sämre ställe är att skriva upp det som anteckning i mobilen, då räcker det att någon får tillgång till din mobil för att kunna ta del av lösenorden.

Något jag ofta märkt är att man skapar lösenord för barn som ska vara enkla när de är små. Exempelvis barnets namn, EvertEvert04. I den åldern det inte någon fara om det kommer på avvägar och det finns inte heller något som händer om det glöms bort. Sen hänger lösenordet med genom uppväxten och plötsligt så har barnet sitt eget namn och födelseår som lösenord till alla sina bilder, Snapchat och Instagram...

Det finns många perspektiv kring säkerhet och lösenord men viktigast är ändå att lösenordet till mail och molntjänster inte är samma som andra lösenord!

Vem är det man pratar med?

På nätet är det inte lätt att veta vem man egentligen pratar med eftersom den andra sitter bakom sin skärm. Möjligheterna att ljuga har dock minskat drastiskt allt eftersom tekniken går framåt. Den som tidigare kunde luras med att själv vara tonåring blir snabbt avslöjad eftersom den mesta dialogen på till exempel Snapchat handlar om att skicka bilder. Tidigare kunde förövare ha ett antal utvalda bilder den skickade för att låtsas men nu förväntas ett helt annat tempo. I internets tidiga historia chattade man alltid från samma plats, ofta en stationär dator, nu är man alltid uppkopplad och förväntas skicka bilder tagna här-och-nu.

Ungdomar själva har också blivit bätre på att identifiera de som inte hör hemma i gruppen.

Förr var den som ville prata med någon på nätet hänvisad till olika ungdomsforum och chattar. Det gjorde att det var enkelt för den som var ute efter att luras att hitta potentiella offer. Nu har i princip alla man känner Snapchat, så behovet att skriva med någon okänd har minskat drastiskt.

Dejtingsidor och sidor för specialintressen är några av undantagen. Det är viktigt samtala med barnen innan de ska träffa någon kompis de lärt känna på nätet. Fråga intresserat vem det är, var den bor och liknande. Beroende på barnets ålder kan du ju be om att få vara med i ett videosamtal tillsammans.

Så pratar du med ditt barn om bedragare i spel

I ett uppmärksammat inlägg på Facebook berättar föräldern Erika om hur hennes son blivit kontaktad på Instagram av en bedragare. Personen har lockat med så kallade VBucks som är den valuta man använder i spelet Fortnite.

Vbucks eller Vinderbucks används sen i spelet för att köpa utseenden och danser i spelet. Man kan alltså inte köpa sig framgång i spelet utan det handlar om kläder och rörelser. Lite som att man vill ha en snygg tröja när man sportar. Man blir inte bättre på gymmet men man känner sig lite coolare. Och alla andra har det, så det är klart att även ditt barn vill ha det!

En person som kallat sig för GratisVbucks på Instagram har kontaktat barn och erbjudit barn påfyllning av vbucks. Motkravet har varit ett foto på förälderns betalkort.

Det är alltså ingenting i spelet som orsakat detta utan någon som utanför spelet tar kontakt på Instagram. Nätet kryllar med sidor som lockar med gratis vbucks.

Vad ska man göra?

Prata med ditt barn. Prata med barnet om att berätta för dig om det får uppmaningar av den här sorten. Förklara att genvägar till förmåner i spel ofta inte fungerar. Prata med ditt barn om att man verkligen inte får fotografera ditt betalkort eller sprida uppgifter från det. Förklara också att det inte går att få gratispengar i spel och liknande.

Det viktigaste är dialogen med ditt barn. Att ni hittar den tillsammans bygger på förtroende. Och det förtroendet skapar man bäst när saker och ting fungerar. Det är alltså när livet rullar på som du ska passa på att bygga förtroende. Det är då man kan passa på att prata om sådan här saker.

Spela tillsammans, sitt bredvid och engagera dig. Det gäller ju oavsett om barnen spelar basket eller Fortnite.

> Om ditt barn berättar att det varit med om något liknande tänk på detta:
>
> - Håll dig lugn. Ibland skickar barnet ut en testballong för att se hur du reagerar.
>
> - Bli inte arg på barnet. Då minskar du sannolikheten att det vill prata med dig om liknande saker i framtiden.
>
> - Skuldbelägg inte. Barnet tycker nog det är jobbigt som det är om det blivit lurad.

Att publicera själv

När min grabb var 13 ville han starta en egen kanal på Youtube. Kreativt skapande är utvecklande och roligt så jag hjälpte honom igång. Men jag som är förälder är ansvarig för det som han publicerar och ställer till med så vi införde en enkel regel: Allt som du laddar upp på Youtube vill jag kolla igenom först.

Jag ville inte att han bryter mot några regler, säger något ogenomtänkt om syskon etc så under en inkörsperiod skulle jag kolla på uppladdningarna innan de blev offentliga. (Följden blev att jag fått kolla på enorma mängder tråkiga youtubeklipp.)

En dag kom han till mig i vardagsrummet och förklarade: »Pappa, jag har påbörjat en uppladdning nu, men du behöver verkligen inte kolla.«

Som förälder ser man genast en varningsflagga där. En varningsflagga lite av typen »Du behöver inte komma in i mitt rum nu, här händer ingenting, det är bara jag, en sax och mammas favorittröja«

Jag bad honom givetvis att stänga av uppladdningen så att jag fick kolla men han protesterade högljutt. Efter en lång stunds diskuterande och argumenterade avslutades det hela med att jag helt sonika stängde av hans uppkoppling mot internet.

Jag kan lova att det inte gjorde honom lugnare. Han ställde sig mitt i vardagsrummet och skrek: »Vi har faktiskt allemansrätt i Sverige!« På något sätt får det symbolisera barnens syn på allemansrätten på 2000-talet. Reglerna om rätten att campa på annans mark och plocka svampar i skogen har nu fått sällskap av kravet på fritt wifi.

Tre tips när barnen vill publicera själva:

- Var delaktig när de startar kanalen, så det blir ett bra namn och profilbild

- Förklara för barnet vad du förväntar dig. Exempelvis går det att stänga av kommentarsfunktionen på youtubeklipp så att andra inte kan kommentera. Men det är ju å andra sidan halva glädjen med en kanal, att få läsa andras kommentarer och vara social.

- Prenumerera själv på kanalen (fråga om de vill att du kommenterar eller inte)

Om Instagram

För en tid sedan la jag upp en helt fantastisk bild på Instagram. Det var en söndagsmorgon och min fru, Helena, ville ha sovmorgon och jag vill dricka kaffe. Jag har en sån där tjusig kaffebryggare, som låter sjukt mycket, så för att inte väcka henne var jag tvungen att hitta på en lösning.

Det hela slutade med att jag bar ut kaffesmaskinen i tvättstugan för att hon inte skulle vakna av allt oväsen. När jag stod där och bryggde mitt kaffe insåg jag plötsligt: Det här är ju perfekt för Instagram!

Telefonen som fortfarande låg i köket hämtade jag snabbt. När jag kom tillbaka till tvättstugan hade espresson redan runnit färdigt ner i koppen och jag fick göra en ny kopp jag kunde ta kort på.

Kompositionen är genialisk; jag får med alla sidor av mig själv som jag är så nöjd med!

På en och samma bild lyckas jag visa följande:

* att jag har en dyr kaffemaskin.

* att jag är en problemlösare av rang

* att jag är romantisk som ger Helena sovmorgon.

Helt perfekt alltså. Alla sidor på en och samma gång.

När jag berättade det här för en skolklass i Dalarna var det en 10-åring som tittade på mig med stora ögon och utbrast:»Fy fasen va falsk du är Henrik!«.

Jag började genast ransaka mig själv, för jag vill inte dela en falsk bild av mig själv. Jag ställde frågan till aulan och grabben om på vilket sätt bilden var falsk. Svaret blev efter en hel del resonerande att det egentligen var att jag gjorde ytterliggare en kopp kaffe som jag tog kort på. För det är faktiskt så, att bilden var i allt väsentlig sann. Jag är har en fin kaffemaskin, jag är hyfsat påhittig och jag brukar vara rätt romantisk (i alla fall tycker jag det själv)

Däremot handlade det snarare om att jag passade på. Jag visar en noga utvald del av mig själv som jag är nöjd med.

Vi tar liksom kort när vi tycker att livet peakar, när vi levererar på max. För vi vill göra gott intryck på andra. I relationer med andra vill vi göra gott intryck på vår omgivning. När jag är ute och föreläser har jag på mig min favorittröja med Beach Boys-motiv och en kavaj jag är nöjd med. För jag vill göra gott intryck! Dagen innan kanske jag jobbade jag hemifrån i mysbyxor!

När man tittar på Facebook är det väldigt sällan man ser incheckningar från folks soffor med statusen:»Ingen träning idag heller«. Det är samma princip som ligger bakom.

Vi behöver alltså lära våra barn att själva filtrera och sålla bland det som skrivs på Instagram så att de förstår att det inte är hela verkligheten som representeras.

Om influencers och marknadsföring

Företag har i alla tider gjort reklam för sina produkter. Tidningar och magasin består ibland till hälften av annonser. Under 2000-talet hände något dramatiskt på tidningsmarknaden när nätet blev platsen där unga spenderade sin tid och tog till sig information.

När unga började läsa bloggar och kolla på Instagram för inspiration och tidsfördriv istället för att läsa papperstidningar flyttade annonsörerna till nätet istället. Eftersom bloggarna hade samma målgrupp som tidningarna blev det naturligt att man ville köpa reklamplats där istället och yrket influencer uppstod. Namnet kommer från engelskans ord för att påverka och det är precis det som uppdraget är! I utbyte mot pengar så visar influencern upp produkter i sina sociala kanaler med målet att påverka sina följare till köp.

Enligt svensk lagstiftning ska alla inlägg av den karaktären tydligt märkas med att det reklam eller sponsrat men det är många som slarvar på den punkten. Det råder fortfarande oklarheter kring vad som ska reklammärkas och inte. Om influencern har fått ett par skor så markerar de inte alla bilder som skorna förekommer i. Det här kan vara svårt att förstå, även för oss vuxna. Så det det gäller att diskutera och prata om bilderna.

Som barn kan det vara svårt att uppfatta vad som är betald reklam och vad som är bilder av någons vardag. Influencers är barnens idoler och barnen vill inget hellre än att vara lika häftiga som sin favoritinfluencer, oavsett om det handlar om att ha rätt tangentbord till sin gamingdator eller att köpa rätt sorts sminkpalett. Många influencers har ett väldigt »kurerat« flöde i t.ex. Instagram där bilderna vittnar om ett liv som många av oss skulle vilja leva. Det är viktigt att förklara för sina barn att det de ser av influencerns liv bara är liten del av helheten och att det i en influencers jobb ingår att gå på bjudmiddagar och testa olika produkter, så ett liv som en influencer visar upp är inte ett vanligt vuxenliv som de måste uppnå när de blir äldre.

Var delaktig och samtala med ditt barn om vad som är marknadsföring och inte. En vanlig uppfattning bland många unga är att »De skulle aldrig göra reklam för något som inte var bra«

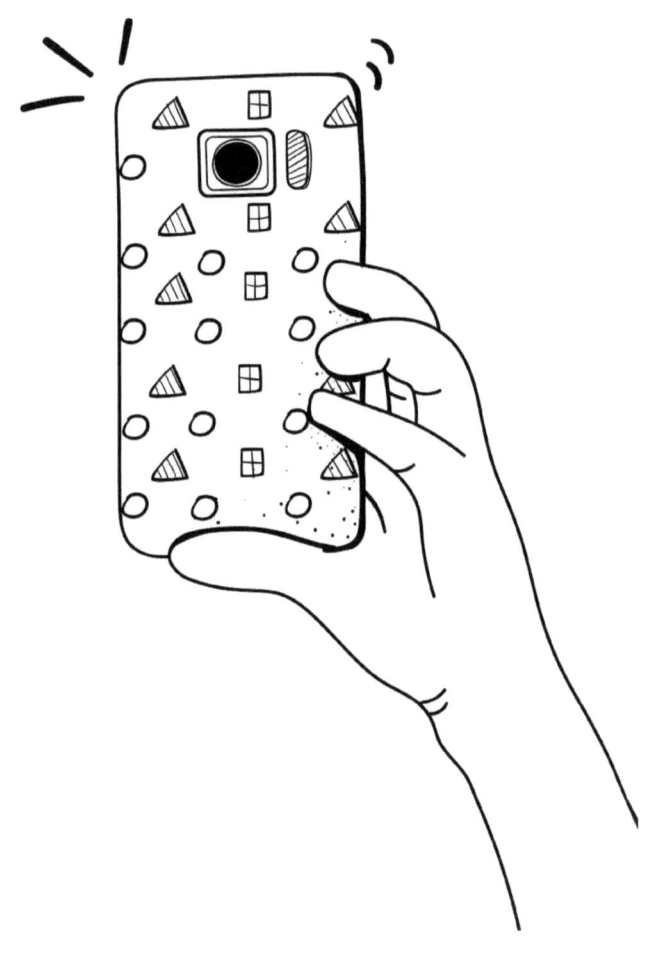

Snapchat

När den här boken skrivs, våren 2019 är Snapchat ungdomars favoritapp när det handlar om att kommunicera med sina vänner. Appen kan kortfattat beskrivas som en chatt-app med egenskapen att meddelanden och bilder försvinner efter en angiven tid.

Det går inte heller att ladda upp bilder från sitt fotoalbum obemärkt, så samtalet sker på ett tydligare sätt »här och nu«. En bild på Snapchat tar man spontant och skickar iväg direkt. Den är inte avsedd att ha någon livslängd till skillnad från Instagram där man tillbringar en halvtimma med att ta en bild som ska se spontan ut…

Ibland kommer det fram föräldrar till mig efter föreläsningar och frågar om det inte är farligt att text och bilder försvinner så man inte kan backa tillbaka och se vad som skrivits. Då brukar jag fråga lite sarkastiskt om de hellre vill ha det som i vanliga livet. För det är faktiskt så att i livet före smartphones kunde vi inte spola tillbaka ett samtal. Det är faktiskt ganska befriande att kunna kommunicera i text och bild utan att det går att bläddra tillbaka i samtalet. I andra appar går det att bläddra tillbaka och när vi ska ta kontakt med någon kompis kan det bli plågsamt tydligt hur längesedan det var vi kommunicerade senast med varandra.

När jag är ute och träffar unga så använder i princip alla sig av Snapchat för att kommunicera med varandra. Som föräldrar behöver vi alltså också skaffa Snapchat. Om vi vill befinna oss på de arenor där barnen är behöver vi alltså göra det aktivt. Det går inte att låtsas som att man kan nattvandra i elljusspåret för att det är bekvämare underlag där och enklare än att vara inne i stan.

Är det inte 12-årsgräns på Snapchat?

Som med alla åldersgränser i sociala medier är det faktiskt du som förälder och vårdnadshavare som avgör vad som är rätt och fel. Åldersgränsen är alltså mer att se som en rekommendation från tillverkaren och inte en stenhård gräns. Jämför med åldersangivelserna på Lego i kapitlet om åldersgränser! Om du som förälder tycker att ditt barn ska få installera Snapchat så är det inte något brott eller olagligt på något sätt. Det är du som bestämmer och det gäller faktiskt åt andra hållet också. Om du bedömer att ditt barn inte är redo att skaffa Snapchat vid 12 så är det ingen mänsklig rättighet.

Men saker försvinner ju!

Grundläget på Snapchat är att saker försvinner ur chatten när mottagaren har läst det. Det är lite olika beroende på hur man ställer in. Usch va otäckt tänker många. Jag vill kunna bläddra tillbaka i samtalet, precis som i vanliga livet... Förklara för barnet att allting går att spara, så även om det försvinner ur chatten så finns alltid möjligheten att mottagaren sparat det på sin telefon. Påminn ditt barn om att bara skicka bilder som den kan acceptera att mottagaren sparar.

Nu kan alla i hela världen se vad mitt barn gör!

Nä. Så är det ju inte. En enorm fördel med Snapchat, till skillnad mot exempelvis Facebook och Instagram, är att man bara kan lägga till personer vars användarnamn man har. Det finns alltså ingen sökfunktion eller vänlista att bläddra igenom för att lägga till personer man känner. Så man styr helt själv vilka man vill dela ut sitt konto till. Som förälder kan du kan be barnet att alltid dubbelkolla med dig innan den accepterar någon ny kontakt eller lägger till någon.

Tycker du fortfarande det låter otäckt? Installera på familjens iPad och upptäck det tillsammans!

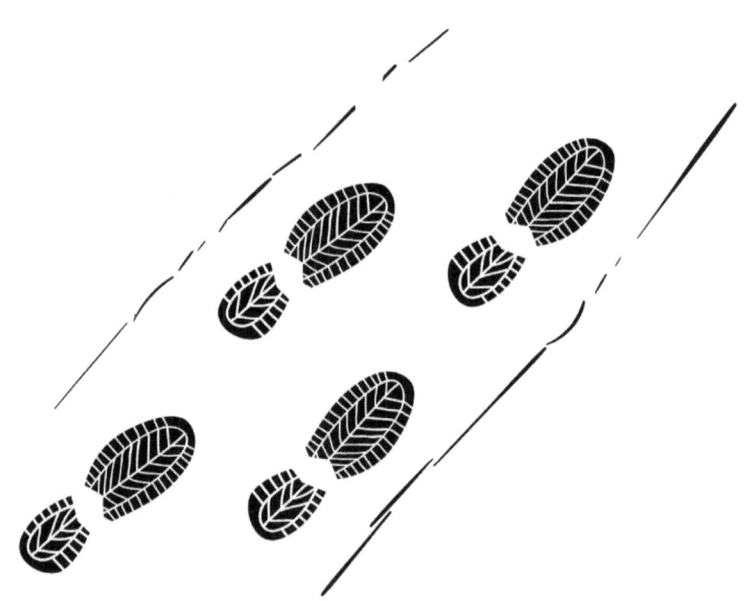

Digitala fotspår

Vad är det egentligen för fotspår vi lämnar efter oss på nätet? Det kan ibland vara svårt att säga men en sak är säker och det är att vi lämnar efter oss många spår. Man kan skilja på olika sorters spår man lämnar efter sig.

Det här har en kvinna från Malmö fått lära sig. År 2000 fick hon frågan av Sydsvenska dagbladet om hon tyckte illa om barnarbete. Hennes svar var enkelt:

Ja, barn har ingen känsla för kvalitet. Det märks på produkten.

Fortfarande idag, närmare 20 år senare är det bilden från Sydsvenska dagbladet som kommer överst när man knappar in hennes namn på Google. Det betyder att varje gång hon söker jobb så är det den bilden som arbetsgivare får som första träff.

De medvetna avtrycken

De medvetna spåren är inlägg vi själva gör. Det kan handla om allt från kommentarer vi skriver på kommunens Facebooksida om att snörjöjningen är försenad till bilder vi publicerar på Instagram. Det här är typer av spår som går att koppla till oss personligen. Den här typen av spår brukar ju snarare handla om en medveten vilja att göra avtryck. Vi vill ju faktiskt kommunicera med snöröjaren eller dela bilden från när barnen åker skidor i Sälen.

Den här typen av spår går oftast att radera om man vill.

Vårt liv speglar sig på nätet

När vi springer ett maraton eller blir intervjuade i personaltidningen på jobbet publiceras det ofta på nätet. Det handlar inte om att just du är utvald utan mer att alla artiklar publiceras. Och alla resultat publiceras. Så vill du undvika det här får du klargöra det innan intervju eller i samband med anmälan.

Alla googlar

När vi söker jobb eller går in i en ny relation är det bara att kallt räkna med att den andra kommer att googla oss. Alla rekryterare gör det för att få en bild av personen. För några år sedan var det oerhört känsligt vad som dök upp men nu har vi lärt oss att bilden som ges på nätet inte alltid stämmer med personens egenskaper i nuläget. Man förstår ju att en människa utvecklas från det att man har en blogg när man är 14 tills man är 24 och söker jobb på försäkringskassan. Människor har generellt blivit bättre på att låta saker stanna i sitt sammanhang. Om man vet att det dyker upp en massa ungdomssynder när man googlar tycker jag man gott kan adressera det själv under en anställningsintervju. Uppmana rekryteraren att googla. Då visar man en transparens och att man inte försöker dölja något. Då äger man själv beskrivningen.

Tre tips om fotspår:

1. *Prata med barnet om att kunna stå för det man skriver om. Men också om vikten av att våga prata med andra om sådant som är jobbigt.*

2. *Förklara för ditt barn att Google, Facebook och Instagram sparar på din historik för att kunna ge en bättre tillvaro på nätet och sälja annonser*

3. *Diskutera med barnet om att det egentligen inte går att vara anonym på nätet.*

Att vara en bra kompis på nätet

Vad innebär det egentligen att vara en bra kompis på nätet? Förmodligen innebär det samma sak som att vara en bra kompis i klassrummet och på skolgården. Det handlar om ömsesidighet och dialog. Ibland spelar vi spelet jag helst vill spela och ibland spelar vi spelet du helst vill spela. Att avsluta spelet när kompisen håller på att vinna är inte heller speciellt schysst. (Precis som vi fortsätter spela monopol även när syrran köpt de bästa gatorna.)

Att vara en bra kompis handlar också om att se varandra och att dela med sig av kärlek. Det kan vara något så enkelt som en tumme upp när kompisen fått en ny tröja.

En bra kompis säger till när andra är elaka. Antingen säger man till den som är elak eller så berättar man det för en vuxen.

En bra kompis respekterar att andra mobilen avslagen ibland och kräver inte omedelbara svar. En bra kompis kan enkelt berätta att den slår av mobilen för kvällen och säga godnatt, vi ses imorgon.

En bra kompis frågar innan den laddar upp bilder som andra kan se. Och väljer bilder där de andra också är snygga, inte bara tänker på sig själv.

En bra kompis skickar inte vidare bilder eller meddelanden som den fått i förtroende.

Klumpdoktorn

När jag jobbade som kurator var det en elev som alltid kallade mig klumpdoktorn. »Hej klumpdoktorn!« kunde hon ropa i korridoren när hon såg mig. En lärare hörde henne och frågade varför i hela friden hon kallade mig så. Hon svarade snabbt att: »Det är ju honom man går till när man har en klump i magen!«

Det finns många orsaker till att man får en klump i magen. Det kan vara något som man hört eller sett, något elakt som någon sagt eller att man själv varit dum mot någon. Oavsett varför man fått en klump i magen finns det ett magiskt sätt att bli av med den och det är att prata med en vuxen. Vi vuxna är liksom klumpexperter. Berättar man för en vuxen vad som finns i klumpen så känns den nästan alltid mindre. Vi vuxna kanske inte kan lösa alla problem direkt, vi har ju trots allt inga trollstavar, men vi kommer göra det bästa för att hjälpa till.

Ibland får man en klump i magen när en kompis berättat en hemlighet. Även om man lovat kompisen att inte berätta för någon så får man berätta det för en vuxen. Hemligheter som gör att man själv får en klump i magen får man berätta för sina föräldrar, lärare eller kuratorn på skolan. Däremot får man ju inte sprida den på Snapchat eller berätta för andra barn.

När du som vuxen får förtroendet att ta emot en klump från ett barn är det viktigt att lyssna. För då är det din tur att vara klumpdoktor.

I skolan

Skolan är platsen där barn och unga tillbringar sina vardagar. När vi vuxna går till jobbet, går barnen till skolan. Att gå i skolan är dessutom inte valbart för barnen utan något de måste göra oavsett vad de tycker. Skoldebattörer och skribenter påpekar ofta att telefoner förstör lärandet i skolan men det är ofta en och samma sak som är grunden i det hela och det är notiser från appar och meddelanden som stör uppmärksamheten. De stör även andra i klassrummet om notiserna kommer under lektionstid.

Jag får ofta frågan om min inställning till mobilförbud i skolan. Jag tycker inte det går att förenkla ungas mobilanvändning till mobilförbud eller ej i skolan. Man behöver dela upp det i först och främst i två delar: i klassrummet och utanför klassrummet.

I klassrummet

I undervisningen är det pedagogen som leder undervisningen som bestämmer vilka hjälpmedel som ska användas. Det kan vi knappast bestämma på ett generellt plan. Får man använda miniräknare på matten? Självklart finns det tillfällen när mobiltelefonen tillför och behövs. Skolan har också ett ansvar att lära ut användningen eftersom mobiltelefonen är det verktyg som de flesta kommer ha med sig i vardagen. Men givetvis ska inte eleverna göra något annat under lektionen än det som är lektionsplanerat. Och det gäller oavsett om man använder mobil eller inte. Att läsa en pocketbok under gymnastiklektionen är ju inte heller okej.

Sen måste vi komma ihåg att skolan ska vara avgiftsfri! Så även om barnen gärna använder sina egna enheter till skolans olika projekt måste skolan tillhandahålla de hjälpmedel som krävs. De kan alltså inte kräva att barnen ska använda sina egna enheter. De flesta skolor idag har ett systemet en-till-en där varje elev har sin egen enhet. Då kan skolan också ha större inflytande över vilka notiser som dyker upp!

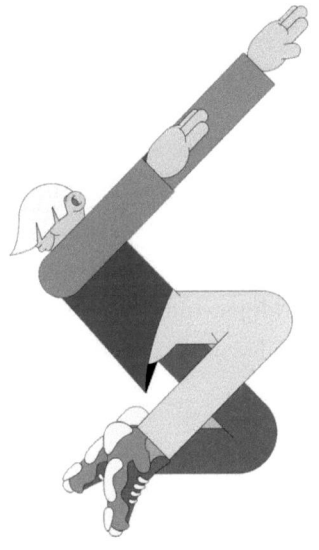

Utanför klassrummet

Utanför klassrummet gäller skolans ordningsregler om hur vi ska behandla varandra. Och det spelar ingen roll om vi skriver på Snapchat eller pratar i matsalen. Samma regler oavsett plattform. Om skolan har ett fotoförbud behöver ju det givetvis följas. Det kan finnas elever med skyddad identitet som verkligen inte ska synas på kompisars instagram eller andra barn som inte alls vill vara med på bild men har svårt att stå emot grupptrycket.

En vanlig indelning på de skolor jag besökt är att högstadiet får använda mobiler på raster men inte de yngre åldrarna. Jag tycker den uppdelningen känns rimlig.

Det står en skola fritt att bestämma om de vill ha en helt mobilfri skola eller inte, så där kan man som förälder inte påverka mer än genom skolvalet och att diskutera det med skolan. Eleverna måste även ha inflytande över skolans ordningsregler så elevrådet är en bra plats för engagemang om man som elev inte är nöjd.

Surfplattor på förskolan?

När den nya läroplanen träder i kraft 1:a juli har förskolan fått ett uppdrag kring digitalisering. I debatten, som många gånger varit högljudd, har kostnaden för digitalisering av förskolan ställts mot storleken på barngrupper och röster har höjts att det saknas vetenskaplig grund för att förskolebarn ska lära sig använda digitala verktyg. Som åskådare är det lätt att förfasas av bilden som målas upp där barnen sitter var för sig försjunkna i ett spel på en ipad istället för att spela fotboll ihop ute på gården.

Läser man läroplanen så står det ingenstans att det blir obligatoriskt med ipads och surfplattor på förskolan. Ord som surfplatta, ipad och internet förekommer inte ens i läroplanen. Att arbeta med digtal kompetens betyder inte nödvändigtvis att man arbetar med specifika digitala verktyg och med tanke på att surfplattorna började dyka upp i förskolan runt 2014 och den förra läroplanen höll i 20 år är det bra med skrivningar som är framtidssäkrade.

Förskolläraren har en nyckelroll i digitaliseringen precis som i de andra delarna av förskolans verksamhet. Det krävs att pedagogen har en god pedagogisk kompetens och en didaktisk flexibilitet. Det är viktigt att ha en transformrationskompetens, det vill säga förmågan att använda olika lärverktyg vid olika lärtillfällen och skeden. Att veta när man ska använda ett träpussel eller göra det på datorn, där måste pedagogen kontinuerligt ställa frågan varför. Varför vill jag göra det här momentet?

Det kritiska och ansvarsfulla förhållningssättet till digitalisering är något som forskare betonar som viktigt. Det finns ett experiment där man tillsammans med barnen retuscherar in kompisar i olika miljöer, exempelvis en djungel för att sedan tillsammans resonera om huruvida barnet befunnit sig i djungeln eller inte. Förmågan att tolka bilder och vad som händer på skärmen behöver de hjälp med att träna upp och det behöver de vuxna pedagogers hjälp med. Det är inget som barnen lär sig på egen hand.

Ett ansvarsfullt förhållningssätt till de digitala medierna handlar exempelvis om att be om lov kring fotografering och respekt för sin egen och andras integritet. Frågan »Får jag ta en bild på dig?« kan ju besvaras på så många sätt och barnen behöver lära sig både att svara och att lyssna på andras svar.

I förskolan är man van att låta barnen klippa med saxar, baka, stöpa ljus och massvis med andra saker som kan sluta illa. Så jag har fullt förtroende för att pedagogerna kan planera digitaliseringen så det passar i förhållande till barnens ålder och utveckling.

Producera istället för konsumera!

Det är givetvis skönt att kunna slappna av och bara konsumera spel, Youtube och Netflix. Att varva ner fyller ju faktiskt en funktion i livet. Men hur får man barn att gå från att bara konsumera innehåll på sina digitala enheter till att producera?

Digitala enheter är fantastiska när man ska lösa problem. Som förälder kan man uppmuntra barnen att omsätta sina idéer i handling. Givetvis med barnets initiativförmåga i centrum. Gestalta, uppleva, undersöka och utforska. Maker space, även kallad digital slöjd, är ett exempel där man använder digitala verktyg för att skapa fysiska saker, exempelvis rita något som man sedan kan skriva ut i plast på en 3D-printer. Men det handlar också om att man själv kan välja bilder man vill skriva ut och färglägga eller hitta nya mönster till pärlplattor.

Gillar barnet att lyssna på musik så finns det enkla appar för att kunna skapa och spela själv. Att uppmuntra barnet att filma och fotografera är ett annat sätt där barnet enkelt kan gå från konsument till producent.

Ett barn som spenderar sin tid vid skärmen med att vara kreativ utvecklas på annat sätt än den som passivt konsumerar andras innehåll.

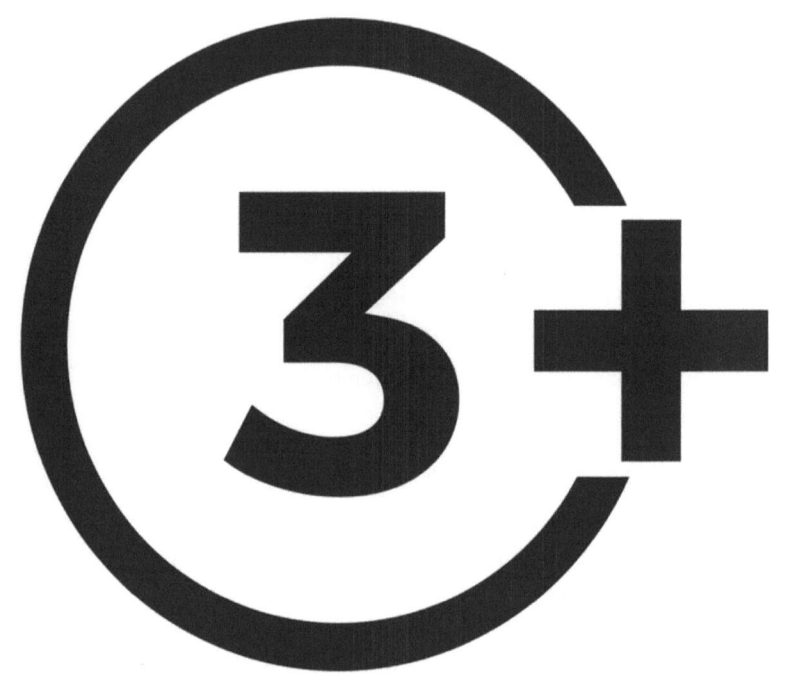

Åldersgränser

I leksaksaffären möts vi ofta av åldersgränser. Den mest avancerade Legokartongen står det 16+ på. Vad händer om vi försöker köpa den till ett barn som bara är åtta?

Åldersgränser på appar är enklast att jämföra med andra åldersgränser, till exempel de på leksaker. När vi står i leksaksaffären är det ju så uppenbart att åldersgränserna faktiskt är en rekommendation.

Både när det gäller smådelar och hållfasthet men också vad barn faktiskt uppskattar och tycker är roligt. Men själva köpbeslutet, det står alltid föräldrarna för.

Något man inte heller får glömma är föräldrarnas rätt att ångra sig. Det får man ju med leksaker. Om man köpt en leksak till sitt barn som det sedan visar sig att den använder på helt fel sätt och inte var mogen för, då tar vi ju bort leksaken. Risken finns ju att barnet blir argt och ledset när man tar bort en leksak den gillar, men om man som förälder är säker på att leksaken inte är bra för barnet, då spelar ju det en mindre roll.

Om man spelar ett spel med familjen som alltid innebär att alla blir osams kanske man väljer att lägga undan det spelet. Jag vet flera familjer där ett parti monopol ofta slutar med att någon besviket kastar spelplanen i golvet!

Åldersgränserna på spel och appar bestäms oftast av tillverkaren själv som vill slippa juridiska problem. Genom att sätta en hög åldersgräns klarar man sig undan mycket gränsdragningar. Många spel och appar innehåller dessutom reklam mellan olika moment. Genom att sätta en hög ålders-gräns kan man också sälja reklamplats till fler kunder. Det är alltså inte bara själva appens innehåll som man tittar på när man sätter åldersgränser.

Som förälder är man van att göra gränsdragningar och ställningstaganden. Jag tycker inte man ska vara rädd för att göra det här heller.

Man får behandla sina barn olika och det är inte apptillverkaren som styr hur gammal man ska vara. Det är du som förälder som fattar beslutet och det är du som känner ditt barn bäst.

Varför har appen den här
åldergränsen?
- Sex
- Våld
- Språk
- Svårighetsgrad
- Reklam
- Möjlighet till kontakt med andra via spelet

The App Gap.

När min son gick på lågstadiet frågade han om han fick ta mellanmål i köket. Jag svarade snabbt ja och fortsatte med mitt. Jag blev rejält förvånad när han ut från köket med en stor skål maränger och kolasås. Som förälder inser jag ju att jag borde följt upp hans fråga om mellanmål lite mer och ställt några följdfrågor. Men det leder också till en insikt om att barn är barn och ofta saknar det konsekvenstänk som vi vuxna har.

Jag brukar ofta tänka på situationen med mellanmålet när vi pratar spel, sociala medier och appar. Ett barn som väljer kolasås och maränger till mellis kanske behöver stöd i andra situationer också. Att vara förälder handlar ju om att ge barnen förutsättningar och alternativ. Och när de väljer appar kan de också behöva ett aktivt stöd från oss i vuxenvärlden.

The App Gap är inte lika häftigt som det låter utan handlar om skillnader i vilka appar som barn använder. Man har i studier sett att föräldrars socioekonomiska situation styr vilka appar som barnen använder. De som kommer från svagare grupper är har färre appar och använder oftare surfplattor och digitala verktyg som konsumenter av film och spel. Barnen från starkare bakgrunder tenderar att ha appar som främjar läsning och problemlösning.

Så vad innebär det här för dig som förälder? Jo, jag tycker det aktiva valet är viktigt när det gäller apparna man installerar på barnens enheter. Bläddra runt på topplistorna i appbutiken, gärna med utgångspunkt i just ditt barns styrkor och intressen. Ett barn som älskar hästar kanske vill ha appar som tar utgångspunkt i hästvärlden etc. Detta blir också ett sätt att aktivt styra barnet från att konsumera passivt till att vara aktiv. Var också delaktig i att lära barnen olika appar på enheten. Ljud- och musikinspelning kan vara jätteroligt att utforska med barn som som gillar att sjunga. Det är ju faktiskt först när barnet känner till allt som de digitala enheterna kan göra som det själv kan göra bra val.

En stor del av föräldraskapet handlar ju om att hjälpa barnen att göra smarta val för annars är surfplattan snabbt fylld med maränger och kolasås.

Källkritik

Att ha ett källkritiskt förhållningssätt är en självklarhet för det flesta. Men själva ordet källkritik, vad betyder det egetligen? Enkla sanningar som *»du ska inte tro på allt du läser«* blir snabbt floskler om man inte samtidigt lägger energi på att förklara själva innebörden. För om vi ska lita på en del av det vi läser: vilken del är det då vi ska välja bort?

Vi litar på våra vänner. Det är en bra egenskap som vi ärvt ner genom historien. Historiskt var det en bra egenskap att lyssna på de vi hade närmast och det de sa. Negativa budskap var extra viktiga att ta till sig och sprida vidare eftrsom det handlade om överlevnad. Det har fått till följd att vi nu förtiden oftare berättar för våra vänner när vi är missnöjda med en restaurang än när vi var nöjda. Undantagen har liksom premierats.

Vad är en källa? Jag brukar använda mig av en jämförelse med en vattenkälla. Alla som hämtar vatten därifrån får oftast samma kvalitet. Är det dåliga vattenledningar därifrån så kan även vatten från en bra brunn bli dåligt i slutänden. Och är det dålig kvalitet på vattnet i brunnen kommer resultatet vara dåligt oavsett hur bra flaskor och dunkar man än förpackar det i. Fina etiketter vattenflaskan spelar ingen roll om brunnen är ger dåligt vatten.

Vem tjänar på att det här budskapet sprids? Det är den allra första frågan man ska ställa när man granskar ett budskap. Oavsett om det gäller reklam på Instagram, utspel från politiker eller inlägg som någon delat på Facebook är den frågan nyckeln. Att tjäna behöver förstås inte alltid innebära att personen gör en ekonomisk vinst.

Det kan lika gärna handla status, förtroende eller andra fördelar mot sina motståndare.

Skolverket och andra organisationer skriver checklistor man kan använda sig av när man granskar källor. De är förvisso bra men kan också ge en falsk trygghet. I skrivande stund saknar nämligen många myndigheter, sjukvårdsrådgivningar och liknande källhänvisningar i sina texter. Men sidor som vill sprida falsk information har inga problem att fylla på med källor till sina påståenden.

Kolla ☉ källan!

Ställ de kritiska frågorna

VEM HAR GJORT WEBBSIDAN?

Är det en myndighet? En organisation? Ett företag?
En privatperson? Någon som kan ämnet?
Är det någon du litar på?

VARFÖR ÄR WEBBSIDAN GJORD?

För att informera om något? Luras? Sprida en åsikt?
Sälja något? Underhålla?

HUR SER WEBBSIDAN UT?

Har den kontaktinformation? Fungerande länkar?
Trovärdiga källhänvisningar? Senast granskad-datum?

KAN DU FÅ INFORMATION FRÅN ANDRA STÄLLEN?

Har du jämfört med vad du redan vet?
Har du jämfört med andra källor?

Skolverket

Bland tomtar och troll

På nätet finns det både tomtar och troll som kan ställa till det för de unga. Jag brukar använda den uppdelningen när jag träffar barn och unga eftersom den är så lätt att förstå. En tomte det är någon som i grund och botten vill väl. Med sina tips på roliga aktiviteter, lösningar på problem eller rådgivning kring sjukdomar ställer den till det för läsare. För fläckarna kanske inte alls går bort med ättika och rådet för hur man bäst startar om sin telefon kanske slutade med att allting försvann. Men tipsen i sig var inte menade att skada utan var resultatet av en tomte som inte hade särskilt bra koll.

Ett troll däremot, det är aktivt ute för att skapa oreda på nätet. Det skriver inlägg som ska trissa upp personer mot varandra, det vill vilseleda och ge illusioner. En och samma person kan ha flera trollkonton som den använder för att kommentera och diskutera med. Ibland till och med mot sig själv för att ge bilden av att vara många som tycker samma sak.

För ett barn är det viktigt att veta att det inte alltid finns en person bakom alla inlägg och kommentarer. Det kan vara svårt att avslöja men det är ändå viktigt att ha med sig under framfarten på nätet!

Selfien – älskad och hatad

Selfien har blivit en sorts symbol för sociala medier och används ofta för att illustrera självupptagenhet och ungdomars beroende av sina mobiltelefoner. Det är oerhört lätt att skratta åt eftersom bilden är så enkel att illustrera för den som står utanför. Låtsas hålla en mobiltelefon i handen och höj den strax över huvudhöjd. Fäst blicken i riktning mot handen och pluta med läpparna. Succén är ett faktum och hela rummet skrattar, det har aldrig varit enklare att effektivt imitera »dagens ungdom«. Som du säkert förstår tycker jag att sådana imitationer är skräp och billiga poänger och borde upphöra omedelbart. Det finns liksom ingen orsak för vuxna att på ett förlöjligande vis härma unga.

Forskaren Elza Dunkels beskriver ett skambeläggande över selfies som hon förklarar med att unga tjejer var gruppen som tidigt anammade kulturen. Hon menar, förenklat, att allt som tjejer gillar traditionellt gillar räknas som skräpkultur. De artister och tv-program som tjejer följer räknas är fulkultur, helt i linje med idrotter som har flest kvinnliga utövare, traditionella kvinnoyrken etc.

Dunkels beskriver vidare att behovet av bekräftelse är det behovet som har lägst status av våra mänskliga behov. Behovet av sömn är till exempel inte det minsta laddat. Inte ens behovet av sex eller att gå på toa är lika tabubelagt som bekräftelsebehovet.

Bekräftelse är fundamentalt för vår utveckling. I skolan fick vi lära oss om att barn behöver bekräftelse för att utvecklas till människor. Det räcker inte med värme och mat; det krävs bekräftelse också. Bekräftelsen visar att man existerar och har en socialiserande funktion. Omgivningens bekräftande nick när vi gör »rätt saker«. Tänk dig att kliva in i en taxibil och föraren inte bekräftar din existens på något vis. Jag skulle kliva ur bilen direkt!

Forskning från Göteborgs universitet visar att selfies är ett tecken på gemenskap. De har undersökt selfiens roll i relationer mellan människor. Istället för den vedertagna uppfattningen att selfien associeras med självupptagenhet och ett ytligt beteende, så förstärker selfies förstärker gemensamma känslor och upplevelser över tid och rum.

Emma Svensson ger tips om snygga selfies

Mobiltelefontillverkaren Huawei har under en period samarbetat med proffsfotografen Emma Svensson. Emma startade bildbyrån Rockfoto 2003 och har fotograferat skivomslag och pressbilder till bland andra Zara Larsson, The Ark, Sugarplum Fairy, Mando Diao och Sahara Hotnights. Hon använder många gånger mobilen som sin kamera och bör anses som en av våra främsta mobilfotografer. Här ger hon sina tips om hur man tar snygga selfies.

1. Ändra uttryck och vinkel

Ta selfien i porträttläget så att du automatiskt får lite suddig bakgrund – då störs inte bilden av en rörig bakgrund. Ta flera bilder och ändra vinkel och uttryck på bilderna så du har ett urval att välja ifrån sedan. Då kommer du också ha störst chans att fånga en bild som är lite mer spontan och inte lika »posig.« Tänk på att ett bra ljus är a och o!

2. Tänk på äktheten

Att vara för självmedveten när du tar en selfie kan få bilden att se »fake« ut. Slappna av och våga prova olika uttryck och vinklar så kommer slutresultatet bli mer äkta!

3. Undvik stökiga miljöer

Det kan vara bra att ha en lite lugnare miljö som inte är alltför stökig med för många intryck. Min favoritmiljö är när bakgrunden är ganska mörk så det nästan känns som ett ljussatt porträtt om man fotograferar i medljus. Det gör att selfien känns proffsigt fotograferad.

4. Testa olika ljus

Ett mjukt medljus är ofta det mest smickrande. Ett fönster fungerar bra som ljuskälla eller om det är molnigt ute och du får solen i ansiktet (fast den är gömd bakom ett moln). Ett sidljus är kanske mer intressant och spännande. Testa dig fram!

5. Selfiepinne eller inte?

Nej! Selfiepinnen är helt ute. Inte ens på de mest populära turistmålen ser man selfiepinnar längre. Nu är det avancerade mobilhållarel med små motorer, så kallade gimbals som gäller för att stabilisera kameran vid filmning istället.

Nätmobbning

För barn och unga är sociala medier är ofta en spegling av det som sker offline. De konflikter man har i klassrummet och skolmatsalen fortsätter i dialogen på sociala medier. Det som skiljer nätmobbning från näthat är att mobbningen till sin karaktär är mer strukturerad och återkommande.

Australiens nationella center mot mobbning, NCAB, definierar mobbning som när en individ eller grupp med mer styrka, upprepat och medvetet skadar eller sårar någon annan person eller grupp som upplever sig hjälplösa att försvara sig.

Enskilda tillfällen av utanförskap eller aggression är inte mobbning, inte heller ömsediga oenigheter. Även om sådana situationer kan innebära en känsla av hjälplöshet och såra. Det är alltså den medvetna och upprepade handlingen som definierar mobbningen.

Hur ska man då jobba med nätmobbning? För barn och unga där nätmobbning är en del av ett annat sammanhang ska man givetvis jobba med det i de forumen. Om det är barn från samma skola eller fotbollslag

så är det i de sammanhangen som man måste jobba med värdegrundsarbete och markeringar. Om det är elever i skolan som utsätter andra för nätmobbning ska det anmälas till skolan som då är skyldig att utreda det ordentligt och föreslå åtärder.

Om du är orolig för att ditt barn utsätts för nätmobbning är det viktigt att du vågar prata om det.

Var en trygg förebild och våga lyssna. Barn som utsätts för nätmobbning kan ofta uppleva en egen skuld i frågan. Kanske man svarat med elaka kommentarer tillbaka. Då är det viktigt att man som förälder reagerar med lugn så att man får höra hela historien. Utan att skuldbelägga den som utsatts.

Näthat – vad är det egentligen?

Näthat är ett ord man ofta möter i vardagen. Ordet hat har ju funnits i svenska språket sen urminnes tider men har fått en innehållsmässig glidning under de senaste åren. Det har historiskt inneburit en stark känsla av agg och fiendeskap men innebär nu ett samlingsbegrepp för kränkningar, trakasserier och hot. Precis som begreppen kärlek och älska har genomgått samma process.

Det är viktigt att komma ihåg att meddelanden och inlägg kan upplevas som kränkande och hotfulla, utan att de är olagliga eller brottsliga. Däremot är det viktigt att polisanmäla hot och kränkningar. Näthat drabbar inte bara barn och ungdomar utan även vuxna och kända personer.

Polismyndigheten har gjort en lista för att försöka reda i begreppen vad som är lagligt och inte.

Olaga hot

Om man skriver något hotfullt till en person som tror att det är allvarligt menat, blir rädd och polisanmäler kan det vara ett olaga hot. Om man skriver något hotfullt till någon som inte alls tar det på allvar anses det förmodligen inte vara ett olaga hot. Samma sak skulle gälla om man sagt samma saker direkt till personen, ansikte mot ansikte.

Förtal

Om man skriver på nätet att någon är en hora kan det vara förtal, eftersom det är något man skriver för att få andra att tycka illa om personen.

Yttrandefrihet

Om man skriver att någon från skolan är tjock och ful är det förmodligen inget brott, eftersom lagstiftaren har bestämt att det är viktigt att folk får säga vad de tycker. Det kallas yttrandefrihet. Men om man gör det flera gånger eller om man skriver att han är äcklig för att han är bög kan det vara förolämpning. Det gäller särskilt om man skriver något dumt om någons hudfärg, kön eller sexuella läggning.

Kränkande fotografering

Om man fotar någon i duschen kan det vara kränkande fotografering. Då behöver man inte ens lägga ut bilden på nätet för att det ska vara brottsligt. Om man gör det också kan det också vara ytterligare ett brott. Om man lägger ut en bild på någon som har tyckt att det var okej att man tog bilden men inte vill ha den ute på nätet kan det vara ett brott mot personuppgiftslagen.

Ofredande

Om man bombarderar någon med sms när personen har sagt att de inte vill ha någon kontakt kan trakasserierna vara ofredande. Det gäller oavsett vad man skriver i sms:en, de behöver inte ens vara otrevliga.

Sömnen och det blåa ljuset

Alla människor har en inre klocka som hjälper oss i livet. Den säger till när det är dags att vara vaken och när det är dags att sova. Till sin hjälp har klockan bland annat ljusnivåerna i sin omgivning. När solen går upp på morgonen så signaleras det att dagen är på gång och när det blir mörkt frisätter kroppen melatonin för att hjälpa kroppen att somna. Ljus är ett sätt att hålla undan melatoninet, det är därför vi tänder lampor för att kunna vara aktiva och hålla oss pigga.

Digitala enheter, smartphones och surfplattor ger också ifrån sig det blåa ljuset. Det har blivit populärt att dra slutsatsen att skärmens blåa ljus hämmar melatoninet och därför gör att vi får svårare att somna. En svensk studie undersökte om det var någon skillnad om personer läste en bok på surfplatta eller i pappersformat innan man gick och la sig. Forskarna såg ingen skillnad varken på sömnkvalitet eller melatoninnivåer.

Givetvis kan det finnas anledningar att lägga undan plattorna innan det är dags att sova. För om vi får ett meddelande som gör oss glada eller exalterade så går vi upp i varv. Då är det svårare att somna. Eller om vi får ett meddelande som gör oss arga, då är det också svårare att somna.

Barn kan ha svårt att komma ner i varv när de ska somna så hjälp dem genom att skapa bra rutiner. Det går ju att skriva godnatt till kompisarna innan man slår av alla notiserna.

Så självklart kan teknik störa sömnen. Men det är inte själva glasplattan och ljuset utan snarare innehållet.

Olika perspektiv på beroende.

Ja, vi är absolut beroende av våra digitala enheter. Barnen också. Mobiltelefoner behövs när vi ska kolla busstider, kommunciera med lärare, kolla scheman, köpa biobiljetter och ha kontakt med kompisar. För idag finns det varken några tryckta busstidtabeller eller fasta telefoner där man kan ringa sin kompis. Vi är helt enkelt beroende av infrastrukturen som internet och sociala medier innebär. På samma sätt som vi är beroende av annan infrastruktur för att vår vardag ska fungera.

När vi väl vant oss vid en nivå av infrastruktur är det svårt att backa. På 60-talet fanns det fortfarande lägenheter i centrala Stockholm som hade utedass. Att vi nu, 2019, är beroende av toaletter inomhus är det nog ingen som ifrågasätter. På samma sätt är sociala medier, mobiltelefoner och digitala enheter en infrastruktur vi behöver för vår vardag. Men det innebär givetvis inte att vi är beroende av våra mobiler på det sätt som man är beroende av droger eller alkohol. När vi ska vispa grädde är vi beroende av ett verktyg för att slå in luft i vätskan, det vill säga en visp, att vara beroende av något är alltså inte alltid negativt.

> *Om du blir så här arg när du måste sluta spela, då blir det inget dataspel för dig imorgon.*

Föreställ dig en dag på stranden med barnen. De leker i vattnet och vägrar gå upp eftersom de har så roligt. De blir arga och protesterar högljutt när du till slut själv tvingas gå ner i vattnet för att mer eller mindre lyfta upp dem. När du väl lyckas få upp dem på land är de alldeles nedkylda och blåa om läpparna när du virar in dem i handduken. Det här är ett scenario som många föräldrar kan känna igen sig i men jag tror ingen någonsin sagt:

»Det får bli badförbud för dig imorgon. Du är nog beroende av vatten eftersom du blir så arg när du ska gå upp«

Att beroende av dataspel är ofta ett missvisande begrepp, det handlar snarare om andra faktorer som gör att man flyr in i dataspel. Det kan handla om depression, ångest, skola och familjeproblem som gör att man väljer att söka sig in i dataspelsvärlden på samma sätt som andra söker sig till böcker, tv-serier eller droger för att hantera sin vardag. Dataspelandet är ju då ett symtom på något helt annat som måste behandlas. Det räcker liksom inte att ta bort dataspelandet även om det kan vara en del av behandlingen. Väldigt få läkare skulle ju säga till en deprimerad person att den var sängberoende om den tillbringade stora delar av sin dag i sängen.

Det vi tycker om att göra, det vill vi göra mycket och ofta. Mer komplicerat än så är det inte.

Men det är också upp till oss föräldrar att sätta gränser när vi barnen gör något i en omfattning att det blir går ut över något annat eller blir skadligt. Att bryta barns dåliga vanor eller en aktivitet som de upplever som fantastisk kan kräva gränssättning och barn reagerar när vi sätter gränser. Men det är något helt annat än ett beroende.

Några ord på vägen

Tack för att du tagit dig tid att läsa den här boken. Jag har skrivit den för barnens skull eftersom jag tycker de förtjänar en trygg och bra uppväxt. Och jag har skrivit den för föräldrarnas skull eftersom jag tycker föräldrarollen kan vara svår nog som den är. Som förälder idag tillbringar vi förmodligen mer tid tillsammans med våra barn än någon annan generation innan har gjort med sina. Barnen är en självklar del i vår planering av semestrar, boende, vardagskvällar och allt annat på ett sätt som det historiskt aldrig varit tidigare.

Barn som ser ut att må bra, säger att de mår bra, klarar skolan, har kompisar, sover på natten, äter mat och växer. De mår förmodligen alldeles jättebra. Då behöver vi inte oroa oss om skärmtid, selfies eller åldersgränser i onödan. Lita på dina föräldraförmågor snarare än att låta dig skrämmas upp av panikrubriker på nyhetssidor.

Som förälder är man van att låta barnen klippa med saxar, baka, bada i sjön, cykla och massvis med andra saker som kan sluta illa. Så jag har fullt förtroende för att föräldrar kan planera digitaliseringen så det passar i förhållande till barnens ålder och utveckling.

Utan förbud, utan att räkna skärmtid.

Henrik Pallin